AF505177

SILENCIOS
EN VOZ ALTA

Minerva Pérez Corcho

Primera Edición: Julio 2022
ISBN: 9798842061969
Letras al Viento Ediciones.
Miami, Fl
Email: letrasalvientogroup@gmail.com

Para mi niño Daniel,

*quien llegó el día del amor y
puso colores nuevos al ocaso.*

Entonces salí a la calle a preguntar

por mis manos. Por mis manos. Por
mis manos

en el enigma de una mujer estando y
siendo.

Excilia Saldaña

... como aquellos que saben que la vida

es ausencia amordazada,

y el silencio

una boca cosida que simula el olvido.

Olga Orozco

... sólo que el silencio no existe.

Alejandra Pizarnik

Prólogo

La magia de los sonidos del silencio
Traigo un amor muy parecido al universo
La Poesía me despejó el camino
Ya no hay banalidades en mi vida
¿Quién guió mis pasos de modo tan certero?

Vicente Huidobro

La poeta Minerva Pérez Corcho sabe que "el silencio no existe" (Alejandra Pizarnik), que hay silencios portadores de palabras que son todo un universo de sensaciones y emociones, ella aprendió a escucharlos.

De la magia de los sonidos del silencio emanaron las palabras que, poema a poema, crearon **Silencios en voz alta** a su niño Daniel "quien llegó el día del amor y puso colores nuevos al ocaso".

Al comenzar el libro la poeta nos anuncia: "apenas del sonido me sostengo de palabras insomnes y sibilas, servidumbres al verso que cavila el olvido tenaz de donde vengo", mas, mientras leo el libro, es evidente, por la estructura de los poemas, la métrica, el excelente uso del lenguaje connotativo y denotativo y por la semántica de las palabras, que la poeta es hacedora de palabras: " y escribía versos como antídotos que desgranaba rezando en la cocina para inventar la salvación, ella callaba el fragor de los trenes nocturnos a lo lejos y trasegaba lealtades de recambio tendida junto al pretil del tiempo".

Las palabras están en su esencia de poeta y vienen a ella como el sol a la luz, como la luna a la oscuridad, vienen sin máscaras ni caretas "ella vuelve, regresa como un perro taciturno y arriesga el alma en las aceras, elude la mueca de los quicios; conoce el magro refugio de la luz y se aferra a mi vieja cicatriz, sabe que será en vano, que regresar es solo incienso y es espejismo el fulgor que late detrás de una metáfora, se esconde". Por las palabras llega el tiempo y el espacio en los que habita todo lo que nos toca, nos conmueve y se queda habitando en nuestra esencia.

Silencios en voz alta es un libro conmovedor, la poeta Minerva Pérez Corcho nos presenta un libro como un cuadro de Pieter Brueghel el Viejo donde, de la unidad y la estructura de los poemas, emergen imágenes sensibles a las emociones.

En ellos la poeta y el lector se confrontan con la luz y la sombra, porque ambas forman parte de cada uno de nosotros en este ser y estar en este mundo: "Qué puedo hacer en esta tarde alud de la memoria, quién puso en mí sus pétalos oscuros me dijo ve y perfuma la flor de la tristeza y no lamentes la luz que te da sombra".

El libro **Silencios en voz alta** es la luz en la sombra, es la comunión entre la gente, es como el pan, las uvas, los peces, el vino servido sobre la mesa cotidiana, es la voz del silencio, el puño de los que luchan, la nostalgia de la ausencia, es un sonar de pasos en la pieza contigua, una voz que aprende en el camino y lo desgrana como un rezo, un pez en el océano de un niño, una vocación de tierra y de silencios, es cadalso donde pendula el alma, es una hoguera calcinando la carne al penitente, es recobrar los paraísos falsos en la lira del tiempo cual si fuera posible doblegar la nada ingente.

Con **Silencios en voz alta** la poeta no deja solo un libro pues, por su contenido y transcendencia, deja mucho más, esto lo expresa el gran poeta Walt Whitman « Esto no es un libro / quien lo toca, toca a un hombre ». En este libro que el lector toca está el alma y esencia de la poeta: "Soy una vocación de tierra y de silencios, el eco de una fiesta a la que no fui invitada, un nombre como un traje que me olvida en los armarios de la angustia". En todos nosotros sigue habitando el niño que fuimos, en mi habita el niño pastor y a veces le pido prestado sus ojos para mirar el mundo con su mirada…Minerva Pérez Corcho tiene, en un rincón del tiempo, a la niña que la habita, "ay de esta niña sola en el portal con las manos tan sucias de haber jugado tanto, yo me busco en sus ojos sin llamarla segura de que no sabe faltar, pregunto si me ha visto, si todavía juego junto al río, si la negra muñeca volvió a casa".

El tiempo son los momentos, los días, los meses y los años que van cayendo de las hojas de la vida. Hay veces que, en el silente de la noche, cuando los pensamientos van saltando de estrella en estrella, la poeta se mira desde afuera hacia adentro en busca de los olvidos que se quedaron en el tiempo "déjame a solas el silencio hueso roído de mis noches perro fiel de mi herida mía es la pantomima la bruma espesa donde hilvano la sed de mis olvidos fragorosos".

Silencios en voz alta nos acerca al arte poética de Pablo Neruda» Una poesía impura como un traje, como un cuerpo, con manchas de nutrición, y actitudes vergonzosas, con arrugas, observaciones, sueños, vigilia, profecías, declaraciones de amor y de odio, bestias, sacudidas, idilios, creencias políticas, negaciones, dudas, afirmaciones, impuestos. La sagrada ley del madrigal y los decretos del tacto, olfato, gusto, vista, oído, el deseo de justicia, el deseo sexual, el ruido del océano, sin excluir deliberadamente nada»; en los poemas del libro nada es excluido, en un contexto de poesía cuántica está la relación del hombre con la vida, la naturaleza y el universo. El libro trae el amor, el desamor, la pasión, la ternura, consciente de que todo ciclo termina y uno nuevo comienza, la poeta nos habla de lo humano y lo divino, de la vida y de la muerte: "la ciudad tiende alfombras al destino, todo está dicho en la deserción de la cordura, un roce apenas retiene la malicia de algún noviembre alucinado; todo empieza tras el eco mordido de un canto de difuntos".

Silencios en voz alta es portador de todo lo que nos toca y conmueve. La poeta se confronta con los recuerdos de los tiempos idos y los presentes en los que conviven los amigos, así lo expresa la poeta en el poema a Rosina Santana "un resplandor de rayos redime el barro cocido de su vientre, mella los filos de la espada en las batallas de su carne, asiste a la resurrección de la semilla". También está el recuerdo de los poetas muertos, como en el poema en memoria de Raúl Hernández Novás, poeta y ensayista cubano "Quién acompaña tu estrella zozobrante del amnios, la sombra de tus barcos en la playa vencida, la habitación oscura de tus vísceras desnudas ya de voces y de exilios. Era la noche lo que deseabas".

Estimada poeta, no te llevaste la belleza, porque "la belleza es libre y para todos, no te llevaste la poesía, porque la poesía es la respiración del mundo'.

Felicitaciones y felicidades, respetada poeta, nos dejas este notable y hermoso libro, está ante nosotros es el portal hacía ti, lo abrimos, te tocamos y te encontramos en todos tus pedazos, estás intacta, nada te falta. La poesía te despejó el camino.

Norton Robledo
Sociedad de Escritores de Chile (SECH)
SECH Filial Sin Fronteras
Organización Cultural Víctor jara

CONVERSACIÓN CON BÉCQUER EN PRIMAVERA

(proemio)

Qué es Poesía dices y no tengo
respuestas al azul de unas pupilas,
el estrecho entre Caribdis y Escila
mis versos rompe nimios de abolengo.

Apenas del sonido me sostengo
de palabras insomnes y sibilas,
servidumbres al verso que cavila
el olvido tenaz de donde vengo.

Qué es Poesía dices: es cadalso
donde pendula el alma, es una hoguera
calcinando la carne al penitente.

Es recobrar los paraísos falsos
en la lira del tiempo cual si fuera
posible doblegar la nada ingente.

LA PALABRA

Ella vuelve,
regresa como un perro taciturno
y arriesga el alma en las aceras,
elude la mueca de los quicios;
conoce el magro refugio de la luz
y se aferra a mi vieja cicatriz,
sabe que será en vano,
que regresar es solo incienso
y es espejismo el fulgor que late
detrás de una metáfora,
se esconde,
pronuncia poemas ajenos
para salvarse del peligro,
anochece en la piel ruina de asombros,
deja morir,
que es más seguro que intentar,
deja rodar su lámpara
deshecha en charcos de luz,
alarga en el suelo la sombra de los días…

Ella regresa cuando el mar
ruge inviernos voraces en el muro,

y hunde mi barca en señal
de sacrificio.

ARAÑA VIDA

La araña vida,
su tela silenciosa
a la sombra de un sueño que declina,
¿puedes oír?
¿oyes su música oscura que dibuja tu rostro
en la memoria de un antílope dormido?
quién lo despierta,
quién lo ampara
cuando a golpes las agujas tejen
　　　　- sombras de un sueño -
tejen　　　　tejen…

FE DE VIDA

Soy un sonar de pasos en la pieza contigua,
una voz que aprende mi camino
y lo desgrana como un rezo,
un pez en el océano de un niño,
puedo tocarme sin espejos,
asistir a mi vida con tanta libertad
como quien paga un sitio en el estreno,
desfilar ante mis ojos una y otra vez
y volver a mí misma sin haber comprendido.

Soy una vocación de tierra y de silencios,
el eco de una fiesta a la que no fui invitada,
un nombre como un traje que me olvida
en los armarios de la angustia.

Una niña me atrapa en su reloj de arena,
me voltea del sueño a la neurosis,
juega a los escondidos con la sombra
retenida en el proyecto de mis ojos.

Soy cauce y cicatriz, final de fiesta,
oeste de soles mi caída.

MÍNIMA BIOGRAFÍA

Ella danzaba lúdicos silencios
cuando la casa dormía,
guardaba flores sin memoria,
despavoridas flores en los libros
sin carne y sin oficio,
ella tenía un álbum de boda
con madre sonriente entre los tules
y Becho luego meciendo los sillones
porque amar y cantar costaba y cuesta,
amordazaba el eco de una dicha
tejida por encargo bajo los escombros
y escribía versos como antídotos
que desgranaba rezando en la cocina
para inventar la salvación,
ella callaba el fragor
de los trenes nocturnos a lo lejos
y trasegaba lealtades de recambio
tendida junto al pretil del tiempo
Ella rasgó una tarde la calma y los retratos
y remontó el vuelo de las bandadas migratorias;
sintió un raro sabor de vidrios rotos

en la vastedad del susto y el azoro,
se hizo plural en los espejos
y degustó inclemencias de los muros
que le añadían nombres a su nombre,

aprendió que los cielos verdaderos

amén de alas precisan cicatrices
como la libertad de sus pedradas.

Ella tenía lúdicos silencios
mapas y rumbos
y una clave de sol.

LA FLOR DE LA TRISTEZA

Qué puedo hacer
en esta tarde alud de la memoria,
quién puso en mí sus pétalos oscuros
me dijo ve y perfuma la flor de la tristeza
y no lamentes la luz que te da sombra;

Qué puedo hacer si todos duermen
y una música enferma desprende las paredes,
yo deliro en mi flor
tan desarmada como un pájaro sin árbol;
recorro a tientas las estancias
llama a gritos la sed de mi inocencia,

Yo que no supe hasta ayer de estos lugares
y dormí en brazos de bestias cariciosas
por muchísimos años,
ahora qué haré
si alguien me puso esta flor como un nacimiento
y el tiempo en esta casa se asemeja a morir.

DE ESTA NIÑA Y DE MI

Ay de esta niña sola en el portal
con las manos tan sucias
de haber jugado tanto,
yo me busco en sus ojos sin llamarla
segura de que no sabe faltar,
pregunto si me ha visto,
si todavía juego junto al río,
si la negra muñeca volvió a casa,
a dónde va cuando se tiende
sobre el trillo que labran las hormigas,
dónde los barcos de papel
en tardes navegables calle abajo,
por los mapas pregunto,
por las huellas,
por la distancia de un sueño
hasta la vida…

Ay de esta niña sola en qué lugar
con su vestido de flores y de espanto,
yo la encuentro en mis ojos sin buscarla
segura de que no va a contestar,

hay un cielo de luna ausente en su mirada,
una procesión de insectos
nublándole silencios en el alma,
un corazón que ignora quién responde.

Ay de esta niña sola
con las manos tan llenas
de haber perdido tanto.

EVA

I

Se desvelaba inventando las estrellas,
escuchando cantar a las hormigas,
sacando al sol hijos ajenos;
fue Alicia una vez detrás de los conejos
y se perdió en un pozo de voces y difuntos,
vino llagada de distancias,
de crueles sacudidas de relámpagos
y a duras penas restauró el amor,
fundó casa propia entre las piedras
y de prisa en el tiempo fue feliz,
ella,
la de la piel pautada por la vida
esperando…esperando
pariéndome en julio eternamente.

II

Abierta
como una flor de silencios
lúcida

como un canto de semillas
clara
como una mirada del sol

eterna cuna de mis huesos
madre mía.

EN MARCHA

Soplan silencios afilados
y palabras mordidas por la sombra
es noche
es tarde o acaso muy temprano
y afuera los caballos desvelan el rocío
ocultan planetas en sus ojos
a paso lento
maduran los encuentros
el corazón va y vuelve
del pan al trigo
del trigo al pan
horno final de las palabras.

SIN MÁS PREGUNTAS

Déjame a solas el silencio
hueso roído de mis noches
perro fiel de mi herida
mía es la pantomima
la bruma espesa donde hilvano
la sed de mis olvidos fragorosos.

COMPLICIDAD DEL ARBOL

El framboyán se desangra
lentamente
bajo su sombra rala
se desdobla un duende de ojos dorados
que me mira sin fondo

el framboyán
          el duende
las heridas…

PERSONA

Soy la nave que ves en vuelo raso
planeando las memorias de la altura,
el vuelo que en picada es la impostura
de personas que soy, lúdico trazo.

Mi caja negra se hunde en el ocaso,
inhóspita se oculta en la censura,
ni la muerte la encuentra en la espesura
que es vivir hilvanando los pedazos.

Ignoran los espejos penitentes
la máscara que soy, la que pregona
la sombra que deambula entre la gente.

Los púrpuras silencios de mi frente
alumbran los disfraces de personas
en cada YO y las sombras diferentes.

TRÍPTICO DE LA MUJER DE ACERO

*a Rosina Santana en
Puerto Rico.*

I

Cruza despacio,
con paso de antílope o de sombra
no vayas a turbar
sus amuletos de silencio,
mira sin acercarte
no te encandile el azoro de luces
con que el sol bruñe su coraza,
no hagas preguntas:
es la herrumbre del tiempo
en el fervor de la memoria;
no respires, no avances,
no pregones temprano
la absolución de las ciudades
ni quieras a destiempo
rumores primigenios,
no apuestes al laberinto de sus huesos,
a la raíz oculta de sus máscaras,
a la conciliación de sus abismos,
no es tiempo aún para descifrar
el palimpsesto de su rostro
por más que auxilies albores a su espejo,
evita la piedad de tus monedas,

endebles son las armas todavía;
es la mujer de acero
y aún cicatrizan respuestas
que alistan su rescate.

II

Agoto hasta la sangre
el ávido pincel de la memoria,
soy la parábola del río,
la lucidez atroz del remolino,
el eco errante de labios en penumbra.

Soy la mujer de acero
pero la orilla no me salva,
ceden mis piernas y se doblan,
atrapa el iris pretéritos destellos,
se hunden mis muertes en el agua.

III

No te acerques al borde,
es ávida la digestión del remolino
y va expulsando corazones a la orilla,
el río desentraña la emboscada,
devuelve raíz y criatura
y un cielo de huracán

cabalga entre las islas,
no apagues las demoras,
no agites la morbidez del parto
que emergerá de púrpuras y de agua;
es la mujer de acero,
nubes de limo empañan la pupila
pero ya funda un reino
de antiguas cenizas migratorias;
no cantes, no respires,
tu voz no ahuyente los milagros;

un resplandor de rayos
redime el barro cocido de su vientre,
mella los filos de la espada
en las batallas de su carne,
asiste
a la resurrección de la semilla.

LA NOCHE DEL POETA

Quién acompaña tu estrella zozobrante del
amnios,
la sombra de tus barcos en la playa vencida,
la habitación oscura de tus vísceras
desnudas ya de voces y de exilios.

Era la noche lo que deseabas.

Ahora quién sobrevive en tus silencios,
qué madre te convoca junto al fuego
con la ternura vegetal de hallarte un nido,
qué soñados abrazos te retienen,
de qué nuevo dolor te hiciste capitán.

Era la noche lo que deseabas.

Quién sabe el árbol que dialoga en tus manos,
el rostro niño del que ibas a ser,
la huella que tu sangre va dejando en el cielo;
tu cuerpo roto de sal quién lo adivina,

isla de amores derrotados y hambrientos
en las tardes mordidas de llanto frente al mar,
cuántos hijos no pudo parir tu desamparo,
qué palabras dormidas te navegan,

qué inocencias desertan de tu abrigo,
qué palomas del alma se suicidan.

Era la noche lo que deseabas
y la noche entona un canto detrás de los espejos.

TELÓN DE FONDO

Me desampara la boca de sueños
que la muerte sella cada noche;
la claridad descorre el telón de la agonía,
pinta de sol escurridizo
las voluntades del camino,
disuelve en vanas palabras
un llanto antiguo que aún no seca
entre las piernas de mi madre.
Acontece la sombra
sobrevuela,
tiene el tamaño de la soledad
que va urgiendo en el espacio
mi caída.

LA FIESTA

Arden los ojos del poeta
con el licor de los felices,
lame la espuma su garganta
en una ola de tránsito y usura,
campanas tañen secretos al reloj,
el poeta miente,
desgrana soledades
al superávit del abrazo,
es fuga y sombra,
péndulo alma
que mece las cortinas,
susurro de olvido y pesadumbre:
- quién me convoca, madre,
quién me aguarda,
en qué lindes la luz

                salta

                    al

                      vacío-,

sonríe,
- manso animal de la derrota-,
sucumbe en el festín
de los retratos.

ÍTACA

Ocurre a veces en la noche rota
que huyes desnuda por la calle,
sabes que sueñas,
te lo dicen los límites del polvo
en el borde escurridizo de tus ojos,
los abismos de luz
y esa voz tuya desprendida
quién sabe de qué antiguas lejanías,
el miedo baña tu cuerpo en su saliva,
talla tus piernas en la piedra,
gritas tu propia oscuridad
de perro mal nacido
pero es tu grito apenas
una desesperada mueca de vacío,
quieres huir
y nuevas máscaras te cercan con tu rostro,
se abre tu desnudez en los aplausos,
tu cuerpo salta hasta tu nombre
que alguien pronuncia en la distancia,
tú ya no sabes si sueñas o despiertas,
la luz muerde tus ojos

frente a un coro de Ítacas danzantes
a las que fuera mejor no regresar.

MADUREZ

Mis ojos de reina decapitada
se quedan fijos en la quietud del árbol…
allí todo sucede,
hasta las nubes y los pájaros,
y algún mensaje de amor
que el aire mece en su destino,
secreto oficio del tiempo
que todo lo confunde y lo dilata…
no pasa nada
sólo mi voz estrena otras edades,
doblan campanas rajadas
al paso de la ventisca,
un corazón disuelto
en las esquinas de la duda;
bajo las carpas de silencios
reinciden los pulsos de la vida.

SILENCIOS DEL PEREGRINO

A las puertas sin fin de las ciudades
el peregrino aguarda
no le alcanzan los ojos
para horadar las tapias
presiente el riesgo de morir
en lecho irremediable
insomne   tibio   detenido
el peregrino calla
no hay salmos ni evangelios
solo silencio y calma
contra el fragor del mundo.

TODO Y NADA

La jaula abierta en tenue ángulo
congela la metáfora de la libertad,
anuncia el estirón del pájaro,
la timidez perpleja de la fuga,
el vano ejercicio de soñar...

en la breve distancia el gato acecha,
giran sus ojos presintiendo
el arcoiris roto de las plumas...

el tiempo se detiene...suena el flash...

LAS PRISIONES DEL AGUA

Virgilio Piñera

Que ya se aplaque la intuición del agua
en los días los nombres los latidos
como esa lluvia que no se sabe
y cala hasta la maternidad del desamparo
y todo lo seduce
y todo lo concentra en la escapada
en ese punto donde flotan
los panes y los techos
la última nave para el cielo
el juguete final que la humedad desarma

el mar el mar el mar
su nombre invade los muros
los devora en la honda
digestión de las orillas
ya no alcanzan las arenas al viajero
que se pudre de insomnios
preguntando por Dios

las aguas dejan su aliento en los escombros
su lengua verde lame una verdad
aguas que oprimen

aguas que oxidan los rumbos al reloj
ahogándonos retornos muy temprano
nos suben al árbol como reos
con la vista clavada en la utopía
de mano en mano
de sueño en sueño
sobre la rama sola
sobre el dolor y el agua.

ISLA

Isla botella al mar, mensaje del ahogado,
oye el clamor de adioses en salmuera,
siente a tu paso las líquidas plegarias
disueltas en olvidos y sin luto;
fantasma de los viajeros sin regreso,
náutica flor de la utopía,
eres plural de ausentes y caminos,
yo cifra apenas,
escasa humanidad de un dígito extraviado
en los apuntes de bitácora,
un polizón a bordo en la procela;
qué fuiste antes de mi,
qué nombres daban a soñarte
desde el fondo del tiempo y el acoso,
qué promesas dejaste a la deriva,
oh isla pensil en la memoria
qué vítores te encienden y te apagan
en la heredad de los que alumbran
con luces fatuas tus huesos insulares.

Tu nombre es la forma donde el vino
alcanza su ilusión de plenitud,
tu nombre aljibe para el llanto,
osario de almas sin sosiego

transidas en el asta espiral de las banderas,
ahora qué hacer con las mudanzas,
con la perplejidad qué hacer
si ya viví los años de tu biografía
y desgasté en discursos mi osamenta,

si me crecieron sueños baldíos
de un futuro cautivo del tarot
y en mis rodillas lentamente
se va encogiendo el mundo.

LOS HÉROES

En la puerta se decapitan los emblemas,
la voz se hace más dulce
para pedir un poco de humedad,
una ilusión de nitidez
para batir los círculos de fuego
que anudan el cuello fieramente;

se precisa morir para los nombres,
recrudecer viejas biografías,
renacer en la tierra
que oprime los recuerdos,
luces petrificadas en los restos de un parto:
manos y piernas
y ojos abiertos fijos como culpas,
sangre reseca en harapos de silencios,
perfiles inconclusos de la espera.

Tal vez tengamos que morir
con la inocencia que se pudre
antes de ser llama perpetua o monumento,
simplemente morir

con la cabeza rota contra el frío,
sudando miedos y atardeceres para ahuyentar
la soledad,
soñando locamente con ser héroes.

TABLA DE SURF

Otros se van,
más fuertes sus remos que sus anclas
van lejos a callar o maldecir,
ellos también juraron en tus playas
y agotaron de fe los horizontes,
ellos calmaron en su mano
la sed de los desfiles,
la luz que sobrevino en las argucias,
extraviaron los claustros y se van.
Una visión antigua te ata a las estancias,
un juramento sin amparo;
la canción que te dormía en la niñez
te fija ahora destinos en la sangre,
los manantiales y los nidos,
el terco azul que envuelve y alucina
y te desliga del frío y la orfandad.
Otros se van
tú retienes los barcos con palabras,
oyes las voces más ricas de tu lengua,
andas los trillos infieles sin tu paso,
llenas de piedras los bolsillos

para tu fiesta de nostalgias
mientras el viento
azota en la arena a las estatuas.

URGENCIAS

Debo volver,
juntar los restos de inútiles vigilias,
escorzos de palabras colgadas al intento,
el eco infiel de cartas clamorosas
horadando promesas
en la beatitud del cuerpo abandonado.

Debo volver,
desgajar la mugre de toda ausencia
y esperarme
donde aún laten destinos
que me urge inventar.

LA IRREMEDIABLE

La esperanza es el fantasma
de un tren que nunca llega,
la justificación de Dios
para incumplirnos las promesas,
raíz de las osadas tentaciones…

la esperanza,
eterna dama ausente
con ojos de metáforas,
tanto se aproxima a veces
que si nos roza
pasa…

y otra vez silban los fantasmas
y otra vez Dios se justifica
y una vez más
necesitamos ser tentados.

LOS OFICIOS DEL CLOWN

Los versos se arrodillan ante el clown;
pierden el rumbo las tristezas
que se detienen y cantan
a ras de las derrotas;
no hay llanto que no alivie
su corazón de pétalos amarillos,
no hay sombra
que su mirada flagrante de ternuras
no pueda ahuyentar,
no hay puertas
que sus brazos no abran
en la terquedad del mundo.

Es libre el clown,
el verso se arrodilla en su sonrisa,
quiebra el temor sus trampas,
retiene las renuncias,
alimenta el oficio de salvar.

ALMAS DE FERIA

Párpado y flor,
proximidad de un sueño
en la esbeltez del desvarío,
más altas las prendas que los ojos
devuelven la luz entre fantasmas,
atrapan dudas y demoras,
retienen criaturas
hechas de ansias y de agua
arrastran los deseos
hacia una infancia agonizante de bolsillos,
yo sólo auxilio el sol en sus pupilas,
comparto apenas
el triste edredón de mi pecho,
algún residuo del amanecer,
alguna piedra tatuada por la historia;
intento amparos en la alegría del amor,
-única libertad de mi destino-;
las almas vienen y van,
perplejas criaturas agrietadas
sin perdonarme acaso la sonrisa
que arriesgo para salvarlas.

BARRO MÍSTICO

Lentas y sabias,
raigales en la ternura del demiurgo
hurgan las manos en el barro
los misterios del tiempo,
emerge el rumor de la magia
y vaga por los sombríos corredores,
toman cuerpo las criaturas
urgidas de verdades y de alquimias,
los gestos pactan el asombro,
la vecindad con Dios,
la lumbre que fraguará mañana
el alma de las cosas;
monjes y magos aquietan profecías,
urden moradas para el fuego
y comulgan callados con lo eterno
al tiempo que una mujer,
en el justo borde donde vacilan las razones,
a sus manos confía la audacia de soñar.

TOQUE DE QUEDA

Silencio   Silencio Silencio.
Un dios alquila el cielo
para aliviar la soledad,
percibe el estruendo en las paredes
de un templo que se quiebra,
reinventa la libertad
en las dislocadas pasarelas
de la angustia,
un dios se queda solo
en la multitud de manos
y de cuerpos y de esperma,
ya no sabe qué hacer con su corona,
no le encuentra remedios al espejo,
abandona mi cuerpo
y alucina.

DÉCIMAS DEL CARACOL

I

La piedra en ruinas me nombra
con voz de olvido y lamentos,
mis años en el cemento
cobijaron luz y sombras;
hoy la memoria es alfombra
de lo que soy y no he sido,
el tiempo es como un quejido
que va sorbiendo los ecos,
lo que no pude es un hueco
de ausencias y de bramidos.

II

Heme aquí, soy circunstancia,
pez atrapado en la red
bajo un cuadro en la pared
con vocación torpe y rancia,
adusto el rostro, las ansias
de volar no se me notan;
pero mis ideas brotan
escurridizas, constantes,

van a lugares distantes
y en el regreso me azotan.

III

El mar, un nombre, la brisa
que la barcaza remece
es metáfora que a veces
llega en la hora precisa;
el alma banderas iza
como un país, la memoria
da vueltas como una noria
y en cada ronda del sol
en mi pecho un caracol
ovilla su trayectoria.

DIA DE DIFUNTOS

El mar vino a lamer los bordes del misterio
y un ave rara – ángel extinto-
se posa en el asombro;
quién la convoca,
de qué magia escapa
la avidez de los impulsos,
de qué porfiada sombra
destila el susto
para anunciar algún milagro,
qué árbol cobija a los infieles
en el perdón de los deseos;
la ciudad tiende alfombras al destino,
todo está dicho en la deserción de la cordura,
un roce apenas retiene la malicia
de algún noviembre alucinado;
todo empieza
tras el eco mordido de un canto de difuntos.

ARENAS MOVEDIZAS

El mar exhuma un cáliz de belleza,
inunda el trébol desgajado de mi corazón
y estrena islas de inocencia
purificadas en un parto que no acaba;
ofrece el precio y certidumbre
de una ilusión de fármacos baldíos,
una plegaria por los muertos y la ausencia,
el poema que nunca vino
ajado en la mudez y los apremios,
la triste vestidura
de un amor ondeando soledades,
vanidad con cristales de aumento
para magnificar los plazos y demoras,
una bandera rota de infancias mal habidas,
la fuga en la penumbra
del beso arrepentido de tus ojos,
el rostro que no he sido y me conoce
a fuerza de modelarme en su reflejo.
Todo es posible en las arenas,
hasta el desdén, el barro, las figuras,
el aullido de una estrella
despeñada en la asfixia hasta morir.

LOS ADVERTIDOS

Tuyo es el cielo venido abajo
como un chubasco de equívocos,
mío el salto mortal que mata la belleza
y muere en si mismo de un disparo,
tuyas las manos,
míos los gritos en la piel
devueltos morados al espejo;
tú, ánfora de barro
en lugar de corazón,
yo una alcancía de dolores
donde pudre una flor entre sollozos,
tuya es la roja mirada en la violencia,
mío el salto final
- auxilio a morir del advertido-.

NOCHES DE LUNA

En las noches de luna
cubre tu vieja cicatriz,
que no supure
al resplandor de la memoria,
que no pronuncie
palabras en desuso
malogradas de tedio
en la mudez del campanario,
echa a volar los besos de papel,
las cartas susurrantes de tus manos,
la prenda líquida que ofreces
a la inclemencia de un bolero,
que no te engañen
ternezas del azogue,
no queda nadie allí,
apenas luto de almas
sin sombras que acompañen,
advertencias del tiempo
voraz, definitivo, licuescente,
solo tu cicatriz insomne,
lúcida,
pensante…

FEBRERO EN LOS ANDENES

Mi verso ya sin sangre, frío, escuálido,
convicto de silencios calabozos,
estertor de palabras con que rozo
el haz de mi vivir y el envés cálido.

Memorias desvaídas de azul pálido,
beso que mira al mar, paisaje umbroso
donde mueren violines, el acoso
del tiempo que nos torna minusválidos.

Mi corazón pautado, la plural
nervadura de muerte en la fijeza
del amor que ahora salta breve trecho.

La niebla en los andenes, el fanal
columpiando nocturno la certeza
de los trenes fantasmas en mi pecho.

TODO EN SU SITIO

No te llevaste la belleza,
porque la belleza es libre
y para todos,
pero se fue la emoción de la belleza
que ya no importa compartir,
se fue el encuadre
urgente y en vilo
de las fotos
¿para qué?... ¿para quién?...

No te llevaste la Poesía
porque la Poesía
es la respiración del mundo,
pero mi verso se quedó sin aire,
espectros de palabras muertas,
luces fatuas al borde del camino,
rictus amargos,
y mordazas.

Me toco
y encuentro todos mis pedazos,
estoy intacta,
nada me falta,

pero me sobra todo;
soy un espejo al revés
y mi rostro…
es un extraño
que brinda a mi salud.

LA HORA DE LOS PARQUES

La tarde muere en árboles silentes,
puzles de ramas secas, vidrios rotos,
voz de la ausencia en el andar devoto
de fantasmas vagando transparentes.

Se arrodillan estatuas en la fuente
buscando consistencias, viejas fotos,
se hunde la flor y desde un mar remoto
en mi orilla recala diferente.

Ay de los parques mudos sin amantes,
mi cauteloso paso en las aceras,
la tarde en mis otoños incesante.

Sólo la voz del tiempo iza banderas
y es la memoria – el eco trashumante-
de mis versos cansados alfarera.

LOVE IS A LOSING GAME

Ahora que mis poemas de amor
envejecen afanes y partidas
y maduran frutos de olvido en los rincones,
que los deseos arrían velas debajo de mi
ombligo
y la calma disuelve calendarios,
ahora que se borran – lentísimos-
los nombres en la piel del agua
y va quedando un eco tan sólo en la llovizna,
que mi silencio se resigna a la aridez insomne
y casi me abandonan las prisas del misterio,
ahora que por fin logro embridar
la bestia de mis días,
aquietar la sed de lo prohibido,
pactar con el tiempo
las últimas migajas de mi libertad,
ahora que quise rendirme a mi vocación de
mármol,
ahora, ahora,
ahora me miras tú
y estallas en mi pecho
otra batalla perdida.

FINAL TARDÍO

De qué me sirve
tu nombre suicida y leve
que se despeña en la noche
cielo abajo,
tu voz cuerno de caza
a mi asustada liebre
que se esconde a morir,
tu mirada,
fanal tardío en mi barcaza
donde solo agonizan
peces ciegos.

CONSTANCIA

El colibrí
hunde su sombra en mi deseo,
cambia de nombre en el sitio
donde las tardes arrasan
los barcos de papel
y la inocencia rasga
su mueca en mi intemperie,
muerde la carne envejecida,
hurga en la angustia;
sobrevive.

ZARPAZOS

No cicatriza tu nombre,
brama sístoles
en los nocturnos de mi gata,
sangra una nostalgia
de ojos redondos y pasos
como de alma en los bordes
de la luna,
maúlla en mi carne sola,
se arquea en un aliento de retrato;
tu nombre ovilla recuerdos en domingo,
apacigua rugidos
en la felina calma de nombrarte,
salta a mi pecho
con ademanes de zarpazo.

EL MUELLE DE SAN BLAS

Estafan los rosales,
urden su queja en la delgadez
de las mordidas corolas amarillas;
el colibrí miente,
bate sus alas ante un rostro perplejo
donde agazapa el desespero;
los nidos presienten huracanes,
redomas de llantos inconclusos
donde acusan recibo las mareas;
un sismo de silencios arrasa el muelle,
torna en harapos la piel de la mujer
que espera aferrada a los pilotes;
en la noche sin mapas
la luna es cicatriz de luces fatuas,
aguzan el oído las gaviotas,
otean signos en la calma;
los viejos maderos alistan el naufragio,
las velas gimen…
…es el amor que escampa.

CONVERGENCIA

Se parece a la mía tu soledad:
alcoholes viejos
ardiendo en las pupilas,
balcones apuntalados en el pecho
de lo que pudo ser o parecía,
aprendices eternos al pie de las vidrieras;
tú arriesgas la canción
de tu guitarra sin cuerdas,
yo solo pude arriesgar el corazón.

DERECHO DE ASILO

Cuantas lunas volvieron
del olvido gastadas a dejar
polvo de tiempo en mi ventana;
rescoldos de caricias
en la torpeza de mis manos
donde ya ni mi sombra reconoce
el fulgor de mis amantes,
confunde acaso el silbido
del frío que arrecia en la pregunta,
(-¿esto era todo?-)
los días bajan la voz,
redoblan rostros usados
en la memoria de algún llanto,
son frágiles en sus sonrisas de perdón
como la madre anochecida de mis hijos;
son oxidadas medallas mis amantes
llegan en procesión soltando el peso
que ni ellos mismos podrían sostener,
vienen difuntos y primaverales
a compartir conmigo
la dulce memoria de un pan triste.

LUNA LLENA

Mirta Aguirre

La luna se hunde en el alcohol,
es moneda sin cambio
en el fondo del vaso,
dicta sombras con voz ebria,
apenas se sostiene para el brindis,
se hizo noche en la dulce mirada;
la luna pacta con la muerte:
ha caído el poeta.

ÓBITUS

El sueño escapa,
se despeña,
muere,
en el espacio de su vuelo
un olor denso
de llanto y azucena.

COMENTARIOS:

Sumergirse en "Silencios en voz alta" de Minerva Pérez Corcho, ha sido atravesar en susurros gritos como bramidos que estallan mundos.

Mundos de mujer que ha vivido, amado, fracasado, gozado, mujer que se ve en su pasado: "son oxidadas medallas mis amantes" y reconoce los claroscuros de la existencia: "aprendió que los cielos verdaderos/amén de alas precisan cicatrices/ como la libertad de sus pedradas".

Mujer, tiempo, naturaleza. Silencios que se imponen como gritos, todo esto hay en la poética de Minerva y que celebro como un ancho puente entre su isla y mi continente sur.

Mariana Baranchuk
Buenos Aires, Argentina

La poesía de Minerva Pérez Corcho no anda en busca de adjetivos para nombrar las cotidianas luchas, ella excava y reconstruye allí, donde bate el alma, con esa fuerza lírica que es intuitiva: sonido apto para los que únicamente son capaces de escuchar su llamado y plasmarlo cual vivencia.

Lidice Megla
Poeta Cubano-Canadiense

Minerva es, junto a su poesía, un mundo diferente, porque te hace sentir y entender nuevas sensaciones que halan de un sentido desconocido, porque no le alcanzan los cinco sentidos para mostrárnosla con una elaborada sencillez.

Mario Darias
Trovador,La Habana, Cuba

ÍNDICE

Prólogo 9

Conversación con Becquer en primavera 15

La palabra 16

Araña vida 18

Fe de Vida 19

Mínima biografía 21

La flor de la tristeza 23

De esta niña y de mí... 24

Eva 26

En marcha 28

Sin más preguntas 29

Complicidad del árbol 30

Persona 31

Tríptico de la mujer de acero 32

La noche del Poeta 35

Telón de fondo 37

La fiesta 38

Ítaca 39

Madurez 41

Silencios del peregrino 42

Todo y nada 43

Las prisiones del agua 44

Isla 46

Los héroes 48

Tabla de surf 50

Urgencias 52

La irremediable 53

Los oficios del clown 54

Almas de feria 55

Barro místico 56

Toque de queda 57

Décimas del caracol 58

Día de difuntos 60

Arenas movedizas   61

Los advertidos   62

Noches de luna   63

Febrero en los andenes   64

Todo en su sitio   65

La hora de los parques   67

Love is a losing game   68

Final tardío   69

Constancia   70

Zarpazos   71

El muelle de San Blas   72

Convergencia   73

Derecho de asilo   74

Luna llena   75

Óbitus   76

Comentarios   77

www.ingramcontent.com/pod-product-compliance
Lightning Source LLC
Chambersburg PA
CBHW052209150726
48002CB00003B/1145